Ingrid und Sabrina Wurst

Basteln & Spielen am Kindergeburtstag

Ideen für das ganze Jahr

frechverlag

Von der bekannten Autorin Ingrid Wurst sind im frechverlag weitere Titel mit fröhlichen Bastelideen erschienen:

TOPP 1729

TOPP 1745

TOPP 2020

TOPP 1889

TOPP 1431

TOPP 2103

Fotos: frechverlag GmbH + Co. Druck KG, 70499 Stuttgart; Fotostudio Ullrich & Co., Renningen

Auflage: 5. 4. 3. 2. 1. | Letzte Zahlen
Jahr: 2000 1999 98 97 96 | maßgebend

frechverlag GmbH + Co. Druck KG, 70499 Stuttgart

ISBN 3-7724-2165-2 · Best.-Nr. 2165

Druck: frechverlag GmbH + Co. Druck KG, 70499 Stuttgart

Etwa zwischen dem dritten und vierten Lebensjahr wird den Kindern die Bedeutung ihres Geburtstages klar und dadurch auch für viele Eltern das Thema Kindergeburtstag aktuell.

Denn schon Wochen zuvor fiebert jedes Kind seinem lang ersehnten Festtag entgegen, und natürlich muß ein Kindergeburtstag auch gebührend mit Gästen gefeiert werden.

Damit dieser Nachmittag für alle Kinder zu einem unvergeßlichen Erlebnis wird, sind viele Vorbereitungen nötig. Raum- und Tischdekorationen gehören zwar wie Essen und Trinken zu einem Kinderfest dazu – aber noch wichtiger sind Spiele und Bastelarbeiten, um eine quicklebendige Rasselbande einen Nachmittag lang in Schach zu halten.

Auf den nachfolgenden Seiten finden Sie eine Vielzahl an wirklich erprobten Spielen, die jeweils mit einer Bastelarbeit kombiniert werden: Mal wird zuerst gebastelt und dann gespielt, mal andersherum. Kleine Tips verraten Ihnen, wie Sie das Spiel auch ohne die dazu benötigte Bastelarbeit abwandeln oder vereinfachen können.

Und nun wünschen wir Ihnen und Ihren Kindern ein wunderschönes Kinderfest und hoffen, daß alle Kinder an den Spielen und an den Bastelarbeiten ebensoviel Spaß und Freude haben, wie wir es hatten.

Ihre
Ingrid und Sabrina Wurst

Tips & Tricks für einen gelungenen Kindergeburtstag

Einladungen:

Schriftliche Einladungen sollten etwa eine Woche vor Festbeginn verteilt werden. Besonders wichtig sind Beginn und Ende der Feier. Ebenso sollten Sie erwähnen, ob die Kinder danach nach Hause gebracht oder abgeholt werden müssen.
Vermerken Sie auch, ob die Kinder etwas von daheim mitbringen sollten, z.B. Schere, Eierschachteln, Malkittel oder ähnliches. Hilfreich ist zudem Ihre Telefonnummer, damit Sie bei Fragen erreichbar sind.

Anzahl der Gäste:

Eine bewährte Regel besagt: Die Anzahl der Gäste und das Alter des Geburtstagskindes sind gleich.
Für Schulkinder, auch wenn sie bereits zehn Jahre alt sind, empfehle ich eine Geburtstagsgruppe mit sechs bis acht Kindern.

Festvorbereitungen:

Je früher Sie mit den Vorbereitungen beginnen, desto weniger Streß entsteht, wenn der Kindergeburtstag immer näher rückt!
Und natürlich sollten Sie gewisse Wünsche und Vorschläge des Geburtstagskindes mitberücksichtigen. Besonderen Spaß haben die Kinder auch daran, wenn sie bei den Vorbereitungen tatkräftig mithelfen dürfen!

Die Nachbarn:

Informieren Sie Ihre Nachbarn über das geplante Kinderfest – dadurch können Sie sich oft Ärger ersparen, wenn es am Nachmittag mal ein bißchen lauter zugeht!

Spiele:

Für einen Nachmittag benötigen Sie – je nach Alter der Kinder – etwa vier bis acht Spiele. Notieren Sie sich die Spielreihenfolge als Gedächtnisstütze; dabei sollte spätestens nach dem zweiten oder dritten Spiel eine ruhige Phase folgen.
Manchmal sind Kinder von einem Spiel so fasziniert, daß sie es zwei- oder dreimal hintereinander spielen möchten. Beenden Sie deshalb kein Spiel, in das die Kinder noch vertieft sind.

Bastelarbeiten:

Damit der Nachmittag durch Spiele nicht zu einseitig wird, können Sie den Kindern auch Bastelarbeiten anbieten. Dazu übertragen Sie bereits vor dem Fest alle Vorlagen auf das dazu benötigte Material. Später müssen alle fertigen Kinderbastelarbeiten mit dem Namen versehen werden – denn nur so vermeiden Sie unnötige Tränen.

Abschied:

Mit dem Abendessen endet meist auch das Kinderfest. Damit den Gästen der Abschied nicht zu schwer fällt, erhält jedes Kind zum Schluß ein kleines Abschiedsgeschenk. Und schließlich darf ja jeder auch noch seine Bastelarbeit mit nach Hause nehmen.

Basteln mit Schablonen

Schritt für Schritt erklärt

1 Zuerst legen Sie Transparentpapier auf den Vorlagenbogen und übertragen mit einem Bleistift alle Einzelteile des ausgewählten Motivs auf das Transparentpapier.

2 Das bemalte Transparentpapier wird nun auf einen dünnen Karton geklebt und danach ausgeschnitten: Ihre Schablonen sind fertig! Legen Sie nun jede Schablone auf das gewünschte Material, und ziehen Sie mit einem Bleistift die Umrisse sorgfältig nach.

3 Alle ausgeschnittenen Teile können danach zu dem ausgewählten Motiv zusammengefügt werden.

Für jede Bastelstunde sollten deshalb folgende Materialien bereitliegen:

- ❑ Transparentpapier
- ❑ Dünner Karton
- ❑ Klebstoff
- ❑ Bleistift
- ❑ Schere
- ❑ Lineal
- ❑ Filzstifte

Und noch ein TIP Bei manchen Klebstoffen wie z.B. Heiß- oder Kraftkleber sollte unbedingt ein Erwachsener mithelfen.

EIERTIPPEN MIT DEN OSTERTELLERN

Osterteller

Für Ihre Vorbereitungen:

- ❑ *1 kleiner Luftballon pro Kind*
- ❑ *Butterbrotpapier*
- ❑ *Kleister*
- ❑ *Weiße Eierschachteln*
- ❑ *Pinsel*
- ❑ *Nadel*
- ❑ *Band*
- ❑ *Moos*

Etwa acht bis zehn Tage vor dem Fest stellen Sie die Eiernestchen wie folgt her: Die Luftballons nicht zu groß aufblasen und verknoten. Das Butterbrotpapier wird in kleine Stücke gerissen, die mit dem bereits angerührten Kleister ringsum auf den Luftballon geklebt werden. Dazu verwenden Sie am besten einen Pinsel, mit dem Sie das Papier auch glatt streichen. Wenn Sie drei Papierlagen aufgetragen haben, befestigen Sie ein Aufhängeband, mit dem Sie jeden Luftballon zum Trocknen aufhängen. Die Trocknungszeit hängt vom Ort und von der Zimmertemperatur ab. Nachdem das Papier gut durchgetrocknet ist, stechen Sie mit einer Nadel ein Loch in den Luftballon, den Sie dann auch aus der gehärteten Papier-Kleister-Hülle entnehmen.

Der Hasenkörper besteht jeweils aus einem mittleren Zapfen einer Eierschachtel, den Sie dementsprechend herausschneiden.

Etwa acht Tage vor dem Fest ist dann auch noch ein kleiner Spaziergang in die Natur angesagt. Das dabei gesammelte Moos wird daheim auf Zeitungen zum Trocknen ausgelegt. Und natürlich darf das Geburtstagskind bei all diesen Vorbereitungen fleißig helfen!

Bastelmaterial pro Teller:

- ✂ *1 weißer Pappteller*
- ✂ *1 Eiernestchen*
- ✂ *1 Hasenkörper (aus Eierschachteln)*
- ✂ *1 Wattekugel, ø 30 mm*
- ✂ *2 Wackelaugen, ø 8 mm*
- ✂ *Tonkarton in Weiß und in verschiedenen Farben für die Tulpen*
- ✂ *Moosgummi in verschiedenen Farben, 2 mm stark*
- ✂ *Bastelfarbe in verschiedenen Farben*
- ✂ *Tulip COLORPOINT oder PAPERPAINT (Relieffarbe, Hobbidee)*
- ✂ *UHU Kraft*
- ✂ *Heißklebepistole*
- ✂ *Schwarzes Nähgarn*
- ✂ *Moos, notfalls Ostergras*
- ✂ *Pinsel*
- ✂ *Filzstifte*
- ✂ *Evtl. Osterdeko wie z.B. kleine Küken*
- ✂ *Locher*

Die weiße Wattekugel wird auf den Hasenkörper geklebt. Das Eiernestchen, das schon vorbereitet wurde, an der Oberkante zackig einschneiden, danach mit Bastelfarbe bunt gestalten. Dann malen die Kinder ihren Hasen braun an. Das Eiernestchen sollte mit einer Heißklebepistole auf dem Pappteller befestigt wer-

den – hier muß ein Erwachsener helfen!
Jedes Häschen erhält beide Arme, die Ohren sowie Wackelaugen. Seine Barthaare bestehen aus Nähgarn, das Schnäuzchen aus einem gelochten Moosgummikreis. Mit Filzstiften wird der Mund aufgemalt.
Auf die Farbpalette, die die Kinder aus weißem Tonkarton schneiden, werden bunte Punkte mit Tulip COLORPOINT oder PAPERPAINT getupft. Sobald die Farben trocken sind, wird die Palette auf der Armkante und der Moosgummipinsel an der Innenseite des Armes befestigt. Zuletzt erhält der Hase eine Krawatte oder – ganz nach Geschmack – eine Fliege aus Moosgummi.
Danach dürfen die Kinder das Moos auf dem Teller verteilen, eventuell auch festkleben. Damit der Osterhase das große Osterei bunt bemalen kann, wird auch er noch mit etwas Klebstoff in das Moos gesetzt. Bunte Tulpen schmücken den Osterteller: Sie bestehen jeweils aus drei Tonkarton-Teilen, wobei der Stiel zwischen den beiden Blüten festgeklebt wird.

Eiertippen

Pro Spielrunde darf ein Kind die Hauptrolle übernehmen. Dabei verwendet jeder seinen eigenen Osterteller, und alle sitzen um einen Tisch. Zusätzlich benötigen Sie noch einige Süßigkeiten, und zwar für jedes Kind gleich viel.

Spielablauf:

Die Kinder stellen ihre Osterteller vor sich auf den Tisch, nur ein Kind darf seinen Osterteller in der Tischmitte plazieren, danach muß es den Raum verlassen. Der Spielleiter legt neben den Osterteller dieses Kindes verschiedene Süßigkeiten und bestimmt ein Teil, z.B. das rote Schokoladenei. Das Kind darf wieder hereinkommen und sein Eiernestchen mit den Süßigkeiten füllen. Sobald es jedoch das zuvor bestimmte Teil, also z.B. das rote Schokoladenei, auch nur berührt, rufen alle Mitspieler: „Au!" Und damit ist die Spielrunde beendet. Wer Glück hatte, konnte vier oder fünf Süßigkeiten erwischen, wer Pech hatte, nur ein oder zwei.
Bevor die nächste Spielrunde beginnt, werden die fehlenden Süßigkeiten wieder ergänzt, und der nächste ist an der Reihe. Zum Schluß darf natürlich jedes Kind ein gefülltes Eiernestchen mit nach Hause nehmen.

Mein TIP Wenn Sie das Spiel nicht zur Osterzeit spielen wollen, verwenden Sie dafür Pappbecher sowie Bonbons und andere saisonneutrale Süßigkeiten.

RAUPEN ZIEHEN

Aufwickelspiele werden von allen Kindern immer wieder geliebt!
Ob nun jedes Kind eine Raupe basteln möchte, hängt von der Ausdauer Ihrer kleinen Gäste ab, denn pro Raupe werden 13 Tonpapier-Kreise benötigt. Ansonsten können auch weniger Raupen in einer Gemeinschaftsarbeit entstehen.

Zickzack-Raupen

Bastelmaterial pro Raupe:

- *Tonpapier in Grün*
- *Tonkarton in Rot für die Fühler*
- *2 Wackelaugen, ø 13 mm*
- *1 halbierte Holzperle, ø 10 mm*
- *Schwarzer Filzstift*
- *Perlgarn, Länge ca. 2,5 m, bzw. je nach vorhandenem Platz*
- *1 Holzstab, 12 cm lang, ø 7 mm*
- *UHU*
- *Zackenschere*
- *Küchenmesser*

Für eine Raupe werden 13 Tonpapier-Kreise benötigt, die die Kinder mit der Zackenschere ausschneiden. Danach wird jeder Kreis in der Mitte zusammengefaltet. In regelmäßigen Abständen kleben die Kinder eine Kreishälfte versetzt auf die andere, bis ein Raupenkörper entsteht. Der 13. Kreis, an dem später von vorne der Kopf befestigt wird, ist allerdings etwas kleiner.

Das Gesicht erhält zuerst die Wackelaugen, dann von hinten beide Fühler. Als Nase dient eine halbierte Holzperle – ein Erwachsener halbiert die Perlen mit einem Küchenmesser. Zum Schluß bekommt die Raupe noch ihren Mund aufgemalt. Die Fadenenden befestigen Sie am Holzstab und auf der Unterseite der Raupe.

Raupenwettlauf

Da immer zwei Kinder gegeneinander spielen, benötigen Sie pro Spielgruppe eine Raupe. Zudem sollten Sie darauf achten, daß die Kinder genügend Platz haben.

Spielablauf:
Beide Kinder stehen der Raupe in Fadenlänge gegenüber. Nach dem Startzeichen versucht jedes Kind, seinen Faden möglichst schnell auf den Holzstab zu wickeln. Sieger ist das Kind, dessen Raupe mit aufgewickelter Schnur zuerst bei ihm gelandet ist.

Mein TIP Anstelle der Raupe können Sie auch kleine Stofftiere, Süßigkeiten oder ähnliches verwenden.

MUMIEN UND FANGEULEN

Mumien wickeln

Hier sollten sich jeweils zwei Kinder zusammenfinden, die gegen ein anderes Duo spielen können. Ideal wäre also die Teilnehmerzahl vier oder acht. Pro Gruppe benötigen Sie eine Rolle Toilettenpapier. Und gefragt ist auf jeden Fall auch genügend Platz!

Spielablauf:

Die Kinder, die als Mumien erwählt wurden, halten den Anfang des Toilettenpapiers fest, müssen dabei aber beide Arme nach unten hängen lassen. Auf das Startkommando versucht der Gruppenpartner, das Mumienkind so schnell wie möglich von Kopf bis Fuß mit Toilettenpapier zu umwickeln. Dabei sollten die Kinder auch darauf achten, daß das Papier nicht zerreißt. Wenn Sie mehr Geburtstagsgäste im Haus haben, kann auch in jeder Gruppe ein weiteres Kind beim Wickeln mithelfen.
Sieger ist die Gruppe, deren Rolle zuerst leer ist. Und dann stehen sich zwei Mumienkinder gegenüber! Die Mumien dürfen ihre Kostüme zerreißen. Das Papier wird eingesammelt und später für den Gurkenkaktus verwendet (siehe Seite 38).

Mein TIP Manchmal sind die Kinder unterschiedlich groß; deshalb darf sich ein kleineres Kind auf einen Fußschemel stellen, wenn es umwickelt wird.

Fangeulen

Für Ihre Vorbereitungen:

- ❑ *Holzstab, 30 cm lang, ø 8 mm*
- ❑ *Bohrer*
- ❑ *Säge*

Kürzen Sie die Holzstäbe, von denen Sie pro Kind einen benötigen, auf 30 cm. Etwa 2 cm vom oberen Rand entfernt wird ein Loch gebohrt, durch das man zwei Perlgarnfäden ziehen kann.

Bastelmaterial pro Eule:

- ✄ *1 leere Toilettenpapierrolle*
- ✄ *2 Wackelaugen, ø 10 mm*
- ✄ *1 Holzperle, ø 10 mm*
- ✄ *Perlgarn, zweimal je 32 cm lang*
- ✄ *Wellpappe in verschiedenen Farben*
- ✄ *Moosgummi in verschiedenen Farben*
- ✄ *UHU Kraft*
- ✄ *UHU*
- ✄ *Pinsel*
- ✄ *Bastelfarbe*
- ✄ *Lochzange*

Die Innenseite der Toilettenpapierrolle wird zuerst mit passender Bastelfarbe bemalt. Den Eulenkörper aus Wellpappe schneiden und damit die Toilettenpapierrolle beziehen. Danach erhält die Eule ihre Augen, den Moosgummischnabel sowie beide Flügel.

Etwa 1 cm von der Unterkante entfernt werden seitlich unterhalb der Flügel mit der Lochzange zwei Löcher in die Rolle gestanzt, durch die die Kinder jeweils ein Perlgarnstück schieben und im Inneren der Rolle verknoten. Die beiden anderen Enden der Fäden werden nun durch das vorgebohrte Loch des Holzstabes und anschließend durch die Holzperle geführt. Verknoten Sie die Fäden an der Perle.
Und wie bei allen Geschicklichkeitsspielen heißt es auch hier: Übung macht den Meister! Denn es gilt, die Eule so durch die Luft zu werfen, daß sie mit dem Stock aufgefangen, also aufgestülpt werden kann.

STREETLIFE
STREETLIFE

DIE LUSTIGE KARTOFFEL

Die Wander-Kartoffel

Für dieses Spiel kann die Teilnehmerzahl ganz beliebig gewählt werden; alle Kinder sitzen um einen Tisch. Außer einer gewaschenen Kartoffel benötigen Sie noch einen Kassettenrekorder mit Kassette oder einen CD-Spieler mit CD sowie einen Einkaufskorb oder eine Stofftasche.

Spielablauf:

Die Kartoffel wird reihum von einem Kind zum anderen weitergereicht. Der Spielleiter läßt ein Lied oder eine Melodie dazu spielen. Doch sobald er die Musik abstellt, muß auch die Kartoffel stehenbleiben und das Kind, das in diesem Moment Kartoffelbesitzer ist, muß ein Pfand abgeben (z.B. Haarspange, Uhr, Kette, Bleistift usw.). Und deshalb ist natürlich klar, daß während der Musik jedes Kind die Kartoffel so schnell wie möglich wieder loswerden möchte.

Alle Pfänder werden in einem Einkaufskorb gesammelt. Sobald genügend Pfänder vorhanden sind, werden sie ausgelöst. Dazu nimmt der Spielleiter ein Pfand in die Hand, holt es jedoch nicht aus dem Korb heraus und spricht: „Was soll das Pfand in meiner Hand, was soll derselbe tun?" Und bestimmt haben die Kinder dazu viele Vorschläge: Z.B. ein Lied singen oder zehn Liegestützen machen oder auf einem Bein einmal um den Tisch herumhüpfen oder einen Witz erzählen usw. Und wer sein Pfand zurückbekommen möchte, muß zeigen, was er kann!

Kartoffeldruck

Für Ihre Vorbereitungen:

- ❑ *1 Stofftasche pro Kind*
- ❑ *Pappe*
- ❑ *Kartoffeln*

Da man mit der Stoffmalfarbe nur auf appreturfreiem Gewebe drucken kann, müssen Sie die Stofftaschen zuvor ohne Weichspüler waschen und danach bügeln. Dann stecken Sie ein Stück Pappe in jede Tasche, damit später beim Malen die Farbe nicht auf die andere Seite durchschlägt. Vielleicht fertigen Sie für kleinere Kinder auch schon einige Kartoffelstempel an, die Sie bis zum Festbeginn in kaltes Wasser legen.

Bastelmaterial pro Tasche:

- *Thermo-Tex Stoffmalfarben (Hobbidee)*
- *Evtl. dünner Tex-Pen Stoffmalstift in Schwarz (Hobbidee)*
- *Wackelaugen für die Maus, 0,7 mm*
- *Kartoffeln*
- *Küchenmesser*
- *Pinsel*
- *Apfelausstecher*
- *Schneidebrettchen*
- *Bügeleisen*

Ein wichtiger TIP

Schulkinder können meist schon ganz gut mit einem Küchenmesser hantieren und möchten ihre Stempel auch bestimmt alleine schneiden. Doch gerade hier sollten die Kinder nicht ohne

Aufsicht sein! Stellen Sie unbedingt auch einige Schneidebrettchen zur Verfügung.

Für die Stempelmuster, die die Kinder nach Lust und Laune entwerfen, wird die Stoffmalfarbe mit dem Pinsel auf die zugeschnittenen Kartoffelteilchen aufgetragen.

Blümchen- und Geometrietasche:

Aus einer Kartoffel werden etwa 3–4 cm dicke Scheiben geschnitten. Die Kreisstempel erhalten Sie, indem Sie jeweils einen Apfelausstecher durchdrücken.

Pilztasche:

Die Pilze sowie das Mäuschen stempeln die Kinder aus halbierten Kartoffeln. Das Ohr und die Schmetterlingsflügel entstehen wiederum aus einem Kreisstempel. Gras und Schmetterlingskörper können aus Kartoffelresten geschnitten werden. Das Mäuschen erhält zusätzlich ein Wackelauge sowie einen mit Tex-Pen aufgemalten Schwanz und ein Schnäuzchen. Schmetterlingskopf und Fühler malen die Kinder ebenfalls auf.

Nachdem die Farbe getrocknet ist, wird die Tasche mit einem Bügeleisen von der Rückseite her gebügelt – dadurch wird die Farbe fixiert.

BLÜMCHEN, BLÜMCHEN, WECHSEL DICH

Blütenstecker

Für Ihre Vorbereitungen:

- ❑ *1 Blumentopf pro Kind, ø 10 cm*
- ❑ *Blumenerde*
- ❑ *Verschiedene Samen, z.B. Kresse oder Weizen (erhältlich in Getreidemühlen, im Reformhaus oder beim Bauern) oder Petersilienpflänzchen (vom Gärtner)*
- ❑ *Kreppapiermanschetten (vom Gärtner)*

Einige Wochen vor Festbeginn säen Sie Weizen oder Kresse in die mit Erde gefüllten Blumentöpfe, die Sie an einen hellen und warmen Ort stellen und regelmäßig gießen. Und natürlich darf das Geburtstagskind bei diesen Vorbereitungen kräftig mithelfen.

Bis zur gewünschten Pflanzenhöhe benötigt Kresse ca. 8 Tage und Weizen ca. 14 Tage. Oder Sie pflanzen einige Tage vor dem Kindergeburtstag Petersilienpflänzchen ein. Besonders hübsch wirken die Pflanzen, wenn Sie um jeden Blumentopf eine Kreppapiermanschette wickeln.

Bastelmaterial pro Stecker:

- ✂ *Moosgummi in Grün sowie in verschiedenen Farben*
- ✂ *1 Messingstab, 30 cm lang, ø 2 mm (vom Baumarkt)*
- ✂ *UHU Kraft*

Nachdem alle Moosgummiteile nach den Vorlagen ausgeschnitten sind, fügen die Kinder jeweils das Innenteil mit der Blüte zusammen. Der Messingstab wird auf der Rückseite, und die Blätter werden auf der Vorderseite angebracht.

Mein TIP Alternativ können die Blüten auch aus Tonkarton gebastelt und die Innenkreise mit verschiedenen Samen oder Gewürzen beklebt werden. Und noch eine Variante: Die Innenkreise werden mit zusammengeknüllten Seiden- oder Kreppapier-Kügelchen gestaltet.

Blümchen-Laufspiel

Dieses Spiel wird im Freien gespielt, und Sie benötigen dazu eine ungerade Kinderzahl.

Spielablauf:

Jedes Kind erhält ein Pflänzchen, in das es seine selbstgebastelte Stabdekoration hineinsteckt. Danach wird mit einem Abzählvers ausgelost, welches Kind seinen Blumentopf beiseite stellen darf. Alle übrigen Blumentöpfe werden zur Hälfte – in genügendem Abstand – in einer Reihe aufgestellt. Dann positioniert die andere Hälfte der Kinder ihre Blumentöpfe etwa 6–8 m entfernt in einer Parallelreihe.
Die Geburtstagsgäste stellen sich nun jeweils vor ihren Blumentopf. Das Kind ohne Blumentopf steht in der Mitte und ruft: „Blümchen, Blümchen, wechsel dich!"
Auf dieses Kommando müssen nun alle Kinder versuchen, einen Blumenplatz in der gegenüberliegenden Reihe zu bekommen. Auch das Kind, das in der Mitte steht, bemüht sich, einen freigewordenen Blumenplatz zu erreichen. Das Kind, das ohne Blume übrigbleibt, stellt sich zur neuen Spielrunde in die Mitte.

Mein TIP Wem das Spiel ohne Bastelarbeit besser gefällt, malt einfach mit Straßenkreiden schöne Blüten auf.

STEINZEIT

Für das nachfolgende Spiel sowie für die Bastelarbeit benötigen Sie hübsch geformte Steine, die Sie bestimmt auf einem Spaziergang finden – und natürlich darf das Geburtstagskind beim Suchen helfen.

Steinstaffel

Pro Gruppe benötigen Sie einen kleinen Stein.

Spielablauf:

Jede Spielgruppe erhält einen Stein. Danach stellen sich die Kinder pro Gruppe (mindestens drei Kinder) hintereinander im Freien auf.
Nach dem Startzeichen gibt das vorderste Kind den Stein dem dahinterstehenden Kind, dieses dem nächsten, bis das letzte Kind in der Reihe den Stein erhält. Dieses springt mit dem Stein auf der linken Seite an seiner Gruppe vorbei, stellt sich als erstes Kind vorne auf und übergibt den Stein wieder dem zweiten Kind usw.
Sieger ist die Gruppe, dessen erstes Kind wie zu Spielanfang auch wieder vorne steht.

Steintiere

Welches Tier aus den Steinen entsteht, bestimmt die Natur! Denn je nach Steinform bieten sich unterschiedliche Tiere an. Somit erfordern die Maus und der kleine Vogel etwas mehr Fingerspitzengefühl, während der Käfer und der Pinguin viel einfacher sind.

Die entsprechenden Vorlagen für Schnabel, Flügel usw. finden Sie auf dem Vorlagenbogen. Da die Steine jedoch sehr verschieden sind, müssen Sie Ihre Schablone dementsprechend anpassen, eventuell auch vergrößern.

Bastelmaterial pro Steintier:

- *Steine*
- *Bastelfarbe in Weiß und in verschiedenen Farben*
- *Moosgummi, 2 mm stark*
- *Evtl. Wackelaugen, ø je nach Steingröße*
- *Pinsel*
- *UHU Kraft*
- *Lederriemen*
- *Wolle*
- *Nähgarn in Schwarz*
- *Schwarze Perlen, ø 5 mm*
- *Messer*

Damit die Bastelfarben hinterher leuchtender zur Geltung kommen, werden alle Steine zuerst mit weißer Bastelfarbe grundiert.

Käfer:

Dazu werden flache Steine – ob rund oder oval – mit Bastelfarbe einfach nur bemalt.

Pinguin:

Auf die bemalte Körperform wird der Schnabel kantig fixiert und das Füßchen auf der Rückseite befestigt. Zuletzt erhält der Pinguin noch sein Wackelauge.

Maus:

Die Ohren sowie das Schwänzchen, das aus einem Lederriemen besteht, kleben die Kinder kantig auf. Alternativ können Sie für das Schwänzchen auch Wolle anbieten. Die Barthaare entstehen aus schwarzem Nähgarn: Vier Fäden werden in der Mitte zusammengeknotet und am Knotenpunkt aufgeklebt. Wer möchte, malt die Augen und das Schnäuzchen auf oder verwendet dazu schwarze, halbierte Perlen. Zuletzt müssen die Barthaare auf die gewünschte Länge gekürzt werden.

Vogel:

Das Moosgummischwänzchen sowie den zweiteiligen Schnabel kleben die Kinder kantig auf. Dann erhält der kleine Piepmatz seine Flügel und noch beide Augen aus halbierten Perlen.

BECHERSPIELE

Becherziehen

Dazu wird keine bestimmte Kinderzahl benötigt; alle Kinder sitzen um einen Tisch.

Für Ihre Vorbereitungen:

- *Für ca. sieben bis acht Kinder 30–40 weiße, umweltfreundliche Papptrinkbecher*
- *Gegenstände, die Sie im Haushalt finden, wie z.B. Nudeln, Knöpfe, Linsen usw. (alles in doppelter Anzahl)*
- *Einige Süßigkeiten*

Zuerst stellen Sie alle Trinkbecher umgedreht auf den Tisch, so daß der Becherboden nach oben zeigt. Jeweils unter zwei Pappbechern verstecken Sie die gleichen Gegenstände. Und natürlich sind auch Süßigkeiten gefragt.

Spielablauf:

Der Reihe nach darf jedes Kind zwei Becher hochhalten und den Inhalt überprüfen. Wenn die Gegenstände nicht gleich sind, werden die Trinkbecher wieder an den Platz zurückgestellt. Dann ist der nächste an der Reihe. Befinden sich jedoch zwei gleiche Gegenstände darunter, so darf das Kind beide Becher samt Inhalt behalten und noch eine Runde weiterspielen. Sieger ist, wer die meisten Becher gesammelt hat.

Überraschungsclown

Aus den bereits vorhandenen Pappbechern basteln die Kinder einen Clown für kleine Geheimnisse, die darin versteckt werden.

Für Ihre Vorbereitungen:

- *2 weiße Papptrinkbecher pro Kind*
- *1 Styroporkugel pro Kind, ø 50 mm*
- *1 Wattekugel pro Kind, ø 20 mm*
- *Langhaarplüsch in Orange*
- *Bastelfarbe in Hautfarben und Rot*
- *Schaschlikstäbe*
- *Zahnstocher*
- *UHU Kraft*
- *UHU por*
- *Pinsel*

Für die Clownhose muß der Trinkbecher auf 7,5 cm Höhe abgeschnitten werden. Da diese Bastelarbeit etwas mehr Zeit beansprucht, ist es ratsam, vor dem Fest auch die Styroporkugeln mit hautfarbener und die Wattekugeln mit roter Bastelfarbe zu bemalen. Dazu stecken Sie jeweils die Styroporkugel auf einen Schaschlikstab, die Wattekugel auf einen Zahnstocher. Wenn die Kugeln trocken sind, wird der Schaschlikstab herausgezogen. Den Zahnstocher entfernen Sie ebenfalls und brechen dabei die Spitze mit 3,5 cm Länge ab. Das stumpfe Zahnstocherteil wird nun mit UHU Kraft versehen und erneut in die Wattekugel eingeschoben. Die Zahnstocherspitze bestreichen Sie mit UHU por und

führen diese in das bereits vorhandene Loch der Styroporkugel ein.
Danach bereiten Sie aus Langhaarplüsch die Perücken vor: 16 cm lang und 2 cm breit; damit das lange Haar erhalten bleibt, wird lediglich der Stoff auf der Rückseite durchgeschnitten.

Bastelmaterial pro Clown:

- *Bastelfarbe zum Bemalen der Becher*
- *Moosgummi für Umhang, Fliege oder Krawatte*
- *Moosgummi-Fertigteile zum Verzieren*
- *Moosgummi in Schwarz*
- *Mini-Pompons (ø 0,7 cm)*
- *Wahlweise für das Gesicht entweder weißes Moosgummi oder weiße Bastelfarbe*
- *Tex-Pen (Stoffmalstifte) in Blau, Rot und Schwarz (Hobbidee)*
- *Heißklebepistole*
- *UHU Kraft*
- *Pinsel*

Beide Papptrinkbecher, die jeweils für einen Clown benötigt werden, werden mit der gewünschten Bastelfarbe bemalt. Während die Farbe trocknet, können die Kinder sämtliche Moosgummiteile wie Schuhe, Arme, Umhang usw. ausschneiden. Danach werden die Clownschuhe mit UHU Kraft am Becherboden befestigt.

Der Umhang samt Revers wird um den äußeren Rand des Körperbechers fixiert. Dazu UHU Kraft beidseitig auftragen, antrocknen lassen und den Umhang festkleben. Die Arme und die Hände nicht vergessen. Den Kopf bringen Sie mit Heißkleber auf dem Becherboden an – hier muß ein Erwachsener helfen! Nun bekommt der Clown noch seine Haare.
Ob die Kinder das Clowngesicht mit weißer Bastelfarbe aufmalen und mit Tex-Pen vervollständigen oder aus Moosgummi schneiden, bleibt jedem selbst überlassen, ebenso das Ausschmücken. Ob nun Fliege oder Krawatte, ob Herzchen für die Schuhe oder Blümchen für den Umhang – hier darf jedes Kind seine Phantasie spielen lassen!
Auch Hüte sind gefragt. Der grüne Hut besteht aus einem Kreis (ø 6 cm), der eingeschnitten und zu einer Tüte zusammengeklebt wird. Die gelbe Schildmütze ist aus einem bemalten Trinkbecher gearbeitet, den Sie auf 3,5 cm Höhe abschneiden. Das Schild aus Moosgummi wird kantig befestigt. Fertig sind die Clowns – übrigens auch ein idealer Aufbewahrungsort für die kleinen Mitbringsel vom Kindergeburtstag!

WOLLE-WICKELN

Falthut

Bastelmaterial:

✂ *1 Zeitungsseite pro Hut (keine Doppelseite)*

Faltanleitung:

1 Das rechteckige Papier in der Höhe durch Falten halbieren, die Mittelkante vorfalten und die oberen Ecken zur Mitte nach unten schlagen.

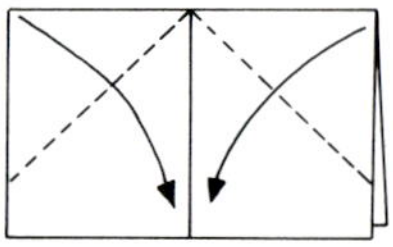

2 Die unteren Kanten auf beiden Seiten nach oben falten.

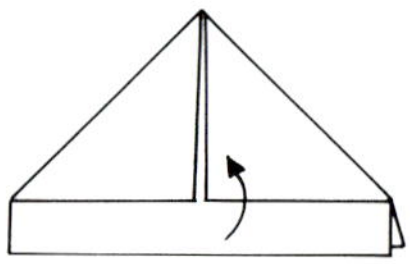

3 Zuletzt die abstehenden Ecken nach hinten falten.

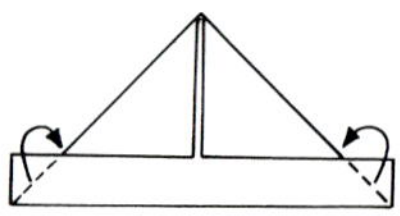

4 Der Hut ist fertig!

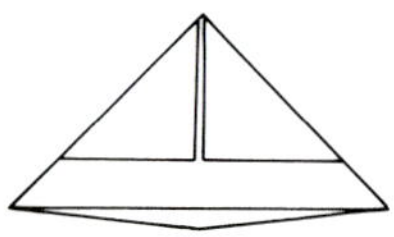

Überraschungs-Abwickelspiel

Für Ihre Vorbereitungen:

- ❑ *Ca. 100 g Wollreste*
- ❑ *Kleine Süßigkeiten (Brause, Bonbons, Schokoladentäfelchen usw.)*
- ❑ *1 Hauptpreis (z.B. ein hübscher Radiergummi)*

Umwickeln Sie den Hauptpreis mit so viel Wolle, bis dieser nicht mehr sichtbar ist. Danach werden immer wieder kleine Süßigkeiten in den Wollknäuel eingeknotet und ebenfalls mit Wolle umwickelt. Wenn Sie einen neuen Wollrest verwenden müssen, knoten Sie Anfang und Ende beider Wollfäden zusammen. Zuletzt wickeln Sie von dem fertigen Wollknäuel so viel Wolle ab, daß ein ganz kleiner Wollknäuel entsteht, mit dem die Kinder später loslegen können.
Die Kinderzahl ist hier nicht festgelegt; alle sitzen um einen Tisch.
Sie brauchen hier einen Falthut aus Zeitungen (pro Kind), einen Schal, einen Zahlenwürfel, ein Wollknäuel mit Überraschungen und eine Plastikschüssel.

Spielablauf:

Die Kinder legen den großen Wollknäuel in eine Plastikschüssel; der kleine Knäuel bleibt außerhalb liegen. Mit dem Zahlenwürfel wird nun reihum gewürfelt. Sobald ein Kind eine Sechs gewürfelt hat, setzt es seinen Falthut auf, bindet den Schal um und beginnt, den großen Wollknäuel abzuwickeln.
Doch das Kind muß sich beeilen. Denn die anderen Kinder würfeln weiter, und sobald der nächste Spieler eine Sechs gewürfelt hat, setzt er seinen Hut auf und will sofort den Schal sowie beide Wollknäuel. Und spannend wird es für alle Kinder, sobald ein Bonbon sichtbar wird!

Tja, und wer wird Woll-
abwickel-Meister und
bekommt den Hauptpreis?

NICHT VON PAPPE

Pappteller-Lauf

Hierzu wird eine gerade Kinderzahl benötigt: Es spielen zwei Kindergruppen gegeneinander; pro Gruppe sollten mindestens drei Kinder beteiligt sein. Das Spiel findet im Freien statt.
Als Spielmaterial sind sechs weiße Pappteller gefragt.

Spielablauf:
Jede Spielgruppe erhält drei Pappteller. Auf das Startkommando müssen zwei Kinder versuchen, sich schnellstmöglich auf drei Papptellern fortzubewegen. Dazu wird stets der hinterste Pappteller nach vorne gelegt, denn das Kind darf niemals den Boden direkt berühren, sondern muß immer auf zwei Papptellern stehen. Sobald die Ziellinie erreicht ist, sammelt das Kind seine Pappteller auf, rennt zur Gruppe zurück und übergibt dem nächsten Kind die Teller, das sofort startet.
Sieger ist die Gruppe, die als erste mit dem Papptellerlauf fertig ist.

Pappteller-Enten

Für Ihre Vorbereitungen:
- *2 weiße Pappteller pro Ente*
- *Klammerapparat (Tacker)*

Einen Pappteller (1) knicken Sie entlang der Mittellinie nach innen (Tellerfläche auf Tellerfläche) – das wird später der Schnabel. Der zweite Pappteller (2) wird ebenfalls entlang der Mitte geknickt, aber genau andersherum, hier liegt dann Teller-Unterseite auf Teller-Unterseite. Dieser Teller 2 stellt später zur Hälfte den Kopf und zur anderen Hälfte das Schnabel-Oberteil dar.
Nun legen Sie dieses genannte Schnabel-Oberteil von Teller 2 ganz deckungsgleich auf die eine Hälfte von Teller 1 und klammern sie am Rand mit dem Klammerapparat zusammen. Durch das Zusammenheften entsteht auf der Rückseite eine Öffnung, in die man greifen kann.

Bastelmaterial pro Ente:
- *Bastelfarbe in verschiedenen Farben*
- *Tonkarton*
- *Pinsel*
- *UHU*
- *Tulip COLORPOINT oder PAPERPAINT (Relieffarbe, Hobbidee)*
- *Fellreste*
- *Wolle*

Je nach Geschmack dürfen die Kinder ihre Ente mit Bastelfarbe bemalen. Sobald die Farbe trocken ist, beginnt das Ausschmücken mit Wolle, Fell, Relieffarben (COLORPOINT oder PAPERPAINT) und ähnlichem.
Die Augen werden aus Tonkarton geschnitten und aufgeklebt, ebenso die Nasenlöcher.

LUSTIGE RÄTSELSTUNDE

Rätselraten

Hierfür ist keine bestimmte Kinderzahl erforderlich; das Spiel eignet sich besonders für Kindergartenkinder. Es kann sowohl im Zimmer als auch im Garten gespielt werden.

Für Ihre Vorbereitungen:

- ❏ *2 Luftballons pro Kind*
- ❏ *Band*

Zuerst besorgen Sie sich Kinder-Rätsel; im Buchhandel finden Sie eine große Auswahl an fröhlichen Rätselbüchern.
Pro Luftballon benötigen Sie ein Rätsel, das Sie jeweils ohne Lösung in einen Luftballon stecken. Danach werden die Rätsel-Luftballons aufgeblasen, verknotet und erhalten letztlich ein Aufhängeband.
Wenn Sie sich nicht alle Lösungen merken können, fotokopieren Sie für sich selbst alle Rätsel und deren Auflösungen. Danach werden alle Luftballons aufgehängt.

Neben den Rätsel-Luftballons brauchen Sie noch eine Stopfnadel.

Spielablauf:

Ein Kind darf mit der Stopfnadel einen Luftballon kaputtstechen. Der Spielleiter liest das Rätsel vor, und wenn das Kind die Antwort weiß, darf es den Rätselzettel behalten. Weiß es jedoch keine Lösung, dürfen die anderen Kinder mitraten. Und natürlich erhält das Kind, das die Lösung wußte, den Rätselzettel. Dann ist der nächste Luftballon-Stecher an der Reihe.
Sieger ist, wer am Schluß die meisten Rätselzettel gesammelt hat.

Mein TIP Stöbern Sie ein bißchen in gutsortierten Buchhandlungen; dort finden Sie sicherlich viele Anregungen: Silbenrätsel, Tierrätsel, witzige Fragen ... Oder vielleicht sind in den Luftballons auch Aufgaben versteckt: ein Gedicht aufsagen, ein Lied singen ...!

Trommeln

Bastelmaterial pro Trommel:

- *1 Konservendose mit Inhaltsmanschette, ø 7,5 cm, Höhe ca. 11 cm*
- *2 Wattekugeln, ø 25 mm*
- *2 Schaschlikstäbe*
- *Bunt- oder Regenbogenpapier*
- *1 kaputter Luftballon*
- *1 Gummiring*
- *UHU*
- *Bastelfarbe*
- *Pinsel*

Jedes Kind spannt einen Luftballonrest über seine Konservendose und befestigt diesen mit einem Gummiring. Hier muß unbedingt ein Erwachsener helfen!
Alle Kinder reißen aus dem Buntpapier viele Schnipsel und bekleben die Dose.
Die Klöppel für die Trommel bestehen jeweils aus zwei bemalten Wattekugeln und aus zwei Schaschlikstäben, die in die Kugel eingestochen und festgeklebt werden.

MURMELSTUNDE

Murmelspiel

Hier wetteifern immer zwei Kinder miteinander, alle sitzen um den Tisch.

Für Ihre Vorbereitungen:

- ❏ *4 Pappteller*
- ❏ *40 Glasmurmeln*
- ❏ *2 Blumentöpfe, ø 14 cm*

Zuerst legen Sie auf zwei Pappteller je 20 Glasmurmeln; auf die beiden anderen Teller wird jeweils ein Blumentopf in umgedrehter Form so aufgestellt, daß der Topfboden mit dem vorhandenen Loch nach oben zeigt.

Für das Spiel selbst benötigen Sie zwei Gabeln und eine Stoppuhr.

Spielablauf:

Jedes der beiden Kinder erhält einen Blumentopf- und einen Murmelteller sowie eine Gabel. Nach dem Startzeichen versuchen beide Kinder, mit der Gabel und ohne Mithilfe der zweiten Hand möglichst viele Glasmurmeln durch das Loch in den Blumentopf zu werfen. Allerdings dürfen die Murmeln immer nur einzeln vom Teller entnommen werden.
Sobald nach ca. 120 Sekunden der Spielleiter ein Zeichen gibt, werden die Gabeln beiseite gelegt und alle Murmeln im Topf gezählt.
Sieger ist das Kind, das die meisten Glasmurmeln im Topf hat. Dann sind die nächsten an der Reihe.

Mein TIP Auch für kleinere Kinder ist dieses Spiel geeignet, dann verwenden Sie anstelle der Gabeln einfach Teelöffel. Hier genügen je nach Alter auch fünf bis zehn Murmeln pro Kind. Die Stoppuhr entfällt, denn Sieger ist das Kind, das zuerst alle Murmeln im Blumentopf hat.

Gurkenkaktus

Für Ihre Vorbereitungen:

- *1 neuer Blumentopf pro Kind, ø 14 cm*

Vor dem Fest werden alle Blumentöpfe sauber ausgespült.

Bastelmaterial pro Kaktus:

- *Weiße Bastelfarbe*
- *Bastelfarbe zum Bedrucken*
- *Papiertaschentücher*
- *Toilettenpapier vom Mumienspiel oder Zeitungen*
- *1 Salatgurke*
- *Zahnstocher*
- *Kirschlutscher*
- *Mäusespeck*
- *Alufolie*
- *Flaches Behältnis*
- *Pinsel*

Den Blumentopf mit weißer Bastelfarbe bemalen und trocknen lassen. In der Zwischenzeit geben Sie die Bastelfarbe, die zum Bedrucken benötigt wird, in ein flaches Behältnis, zum Beispiel in den Deckel eines Konservenglases.
Zum Bedrucken des Blumentopfes dient ein zerknülltes Papiertaschentuch als Stempel. Es wird kurz in die Farbe getaucht, und sofort beginnt der Stempelspaß. Der Blumentopfrand kann auch mit einem aufgemalten Streifen dekoriert werden.
Nach dem Trocknen wird der Blumentopf bis zur Hälfte mit zerknülltem Toilettenpapier oder mit Zeitungen gefüllt. Die Salatgurke wird eingesteckt, und der Blumentopf wird so lange weiter mit Papier aufgefüllt, bis die Gurke von alleine steht. Bevor der Mäusespeck darauf verteilt wird, sollte das Papier mit etwas Alufolie abgedeckt werden.
Zuletzt werden Zahnstocher als Stacheln und Kirschlutscher als Blüten eingesteckt – ein hübsches Mitbringsel von einem gelungenen Kindergeburtstag!

FLEISSIGE FISCHER

Frische Fische

Für Ihre Vorbereitungen:
- *Blaue Wellpappe*

Aus blauer Wellpappe schneiden Sie einen großen See aus.

Bastelmaterial pro Kind:
- *1 weißer Pappteller*
- *Bastelfarbe in Blau*
- *Tonpapier in den Farben des Farbwürfels, außer Blau*
- *1 schwarzer Filzstift*
- *Pinsel*

Jedes Kind schneidet etwa vier bis sechs Fische aus verschiedenfarbigem Tonpapier aus. Das Auge sowie sämtliche Konturen werden mit einem schwarzen Filzstift nachgezogen. Der weiße Hai wird nur einmal benötigt. Jeder Fisch – mit Ausnahme des weißen Hai – erhält auf der Rückseite eine Nummer. Danach können die Teller mit Bastelfarbe bemalt werden, fertig sind die Teiche!

Fischerspiel

Jedes Kind benötigt hier einen Trinkhalm und seinen bemalten Pappteller. Zudem müssen ein Farbwürfel und der Wellpappe-See mit den Tonpapier-Fischen bereitliegen.

Spielablauf:
Jedes Kind erhält einen blauen Teller als Teich sowie einen Trinkhalm. Der See wird in die Tischmitte gelegt, und darauf werden alle Fische verteilt. Die Kinder würfeln mit dem Farbwürfel reihum. Das Kind, das z.B. Gelb gewürfelt hat, darf mit seinem Trinkhalm einen gelben Fisch aus dem See saugen und befördert ihn zu seinem Papptellerteich. Fällt ein Fisch während des Transports herunter, muß er in den See zurückgelegt werden. Würfelt ein Kind die Farbe Weiß, bekommt es den weißen Hai, muß dafür allerdings einen Fisch in den See zurückgeben oder einmal aussetzen. Sobald es später Blau würfelt, darf es den weißen Hai wieder in den See zurücklegen.
Das Spiel ist zu Ende, wenn der See leergefischt ist. Das Kind mit der höchsten Punktzahl hat gewonnen. Sie können das Spiel auch ohne weißen Hai und ohne Punktzahl spielen – dann ist die Anzahl der Fische maßgebend, die jedes Kind gefischt hat.

Mein TIP Anstelle der Fische können Sie auch Tonpapierkreise (ø 3 cm) in den Farben des Farbwürfels verwenden. Dazu müssen die Teller nicht bemalt werden. Sieger ist das Kind, das die meisten Kreise erspielt hat.

Sportswear
AMERICAN CITY

HERBSTZEIT – BLÄTTERZEIT

Igel im Herbstwald

Für Ihre Vorbereitungen:

❑ *Moos*

Etwa acht Tage vor Festbeginn sammeln Sie auf einem Herbstspaziergang das Moos, das zu Hause auf Zeitungen zum Trocknen ausgelegt wird.

Bastelmaterial pro Igel:

- *Tonkarton in Beige*
- *Wellpappe in Braun*
- *2 Wackelaugen in Braun, ø 15 mm*
- *Moosgummi, 4 mm stark*
- *Moosgummi in Schwarz, 2 mm stark*
- *1 Deckel einer großen Waschmittelpackung*
- *UHU*
- *UHU Kraft*
- *Moos*

Den Igelkörper zweimal aus Wellpappe ausschneiden und den Kopf dazwischenkleben. Danach erhält der Igel seine Wackelaugen sowie das schwarze Moosgummi-Schnäuzchen. Damit der Igel stehen kann, werden die zwei Bodenteile aus Moosgummi auf beiden Seiten kantig festgeklebt. Der kleine Igel freut sich auf sein neues Zuhause und nimmt mit etwas Klebstoff auf dem Deckel Platz. Damit es für ihn so richtig gemütlich wird, verteilen die Kinder noch Moos darauf.

Wer seinen Sammelteller danach so richtig herbstlich bunt ausschmücken möchte, der sammelt zusätzlich dafür noch Hagebutten, bunte Blätter, Tannenzapfen, Eicheln, Kastanien usw.

Blätterspiel

Zu diesem Spiel benötigen Sie eine gerade Kinderzahl und nach Möglichzeit etwas Platz.

Jedes Kind bekommt frische Herbstblätter und einen Trinkhalm; und es müssen natürlich zwei Igel im Deckel dabeisein.

Spielablauf:

Es werden zwei Kindergruppen gebildet, die sich jeweils in einer Reihe aufstellen. Zwei Igel stehen in gewissen Abständen gegenüber. Pro Kind erhält jede Gruppe zwei oder drei bunte Herbstblätter.

Auf das Startzeichen versuchen jeweils zwei Kinder, mit dem Trinkhalm ein Herbstblatt in Richtung Igel zu pusten. Sobald das Blatt den Igel erreicht hat, kommt das nächste Kind aus der Gruppe an die Reihe. Sieger ist die Gruppe, deren Igel alle Blätter zuerst erhalten hat. Dabei genügt es, wenn sich alle Blätter am Deckelrand befinden.

Mein TIP Wer keinen Igel basteln möchte, legt mit den Kindern eine Ziellinie fest, zu der die Blätter einfach nur gepustet werden müssen.

FÜR KLEINE KLAMMERAFFEN

Wäscheklammer-Spiel

Für dieses Spiel benötigen Sie etwas Platz, denn es findet auf dem Fußboden statt.
Pro Spielrunde werden vier Kinder benötigt, wobei immer zwei Kinder eine Spielgruppe bilden.

Für Ihre Vorbereitungen:

- *30 Wäscheklammern*
- *2 kleine Eimer*

Verteilen Sie die 30 Wäscheklammern so, daß in jedem Eimer 15 Klammern bereitliegen.
Legen Sie zwei blickdichte Schals oder Tücher bereit.

Spielablauf:

Pro Spielgruppe werden jeweils einem Kind 15 Wäscheklammern auf dem ganzen T-Shirt befestigt. Dem anderen Kind verbinden Sie mit einem blickdichten Schal die Augen. Danach wird es ein- oder zweimal um sich selbst gedreht und erhält einen leeren Klammereimer.
Die Wäscheklammer-Kinder haben bereits auf dem Fußboden Platz genommen – achten Sie dabei auf genügend Abstand!

Mein TIP Für kleinere Kinder können Sie das Spiel vereinfachen, indem Sie nur acht Klammern auf der T-Shirt-Vorderseite befestigen.

Nach dem Startkommando müssen die „blinden" Kinder versuchen, vom T-Shirt ihres Gruppenpartners alle Wäscheklammern so schnell wie möglich zu entfernen und in ihren Eimer zu werfen. Wer als erstes alle 15 Klammern im Eimer hat, ist Sieger!

Pferdeherde

Bastelmaterial pro Pferd:

- *Tonkarton in zwei verschiedenen Farben*
- *1 Musterbeutelklammer*
- *Lochzange*
- *UHU*
- *2 farblich passende Wäscheklammern*
- *Filzstift*

Nachdem die Kinder alle Teile ausgeschnitten haben, wird die Mähne angeklebt, und der Mund und das Auge werden aufgemalt.
Damit das Pferd seinen Kopf hin und her bewegen kann, wird eine Musterbeutelklammer durch die bereits vorgestanzten Löcher von Hals und Körper gesteckt.
Zum Schluß erhält das Pferd seinen Schweif sowie zwei Wäscheklammern als Beine.

STERNSTUNDEN

Sternspiel

Für dieses Spiel benötigen Sie keine besondere Kinderzahl; alle sitzen um den Tisch.

Für Ihre Vorbereitungen:

❑ *Gelber Tonkarton*

Aus gelbem Tonkarton fertigen Sie einen Stern. Und für jedes Kind muß ein Trinkhalm bereitliegen.

Spielablauf:

Jedes Kind erhält einen Trinkhalm, den es in den Mund steckt. Das Geburtstagskind eröffnet die Spielrunde, indem es seinen Trinkhalm durch die ausgeschnittene Sternmitte steckt und den Stern auf diese Weise an seinen Sitznachbarn weiterreicht. Dieses Kind nimmt den Stern ebenfalls mit seinem Trinkhalm entgegen und gibt ihn seinem nächsten Nachbarn weiter.

Mein TIP Bei einer sechsköpfigen Kindergruppe können Sie die Kinder problemlos ausscheiden lassen. Sofern Sie jedoch mehr Geburtstagsgäste haben, verlangen Sie dafür ein Pfand (Pfänder auslosen, siehe Seite 16).

Zu diesem Spiel dürfen die Hände nicht benutzt werden. Fällt der Stern einem Kind hinunter, scheidet es aus. Das heißt, der Stern muß über das ausgeschiedene Kind weitergereicht werden. Und zum Schluß müssen sich nur noch einige wenige Kinder über den Tisch beugen, um den Stern weitergeben zu können.

Mein TIP Wer anstelle des Sterns Buchstabenkekse verwendet, muß bei diesem Spiel nicht unbedingt auf die Weihnachtszeit warten!

Schneemann

Bastelmaterial pro Schneemann:

- *Tonkarton*
- *Velourspapier (Urselle)*
- *UHU*
- *Filzstifte*

Zuerst zeichnen die Kinder das Schneemanngesicht auf sowie die durchgezogenen Linien der beiden Arme.
Wer möchte, schneidet die Rübennase aus Tonkarton aus oder malt sie ebenfalls mit Filzstiften auf. Danach erhält der Schneemann seine zweiteilige Mütze und den zweiteiligen Schal aus warmem Urselle-Papier. Dicke schwarze Tonkarton-Kugelknöpfe können ebenfalls angeklebt oder aufgemalt werden. Anstelle des Besens bekommt der Schneemann einen Sternenstab und auch noch einen kleinen Vogel.

Im frechverlag sind zahlreiche andere Titel erschienen. Hier eine Auswahl:

TOPP 2122

TOPP 1929

TOPP 2000

TOPP 2125

TOPP 1807

TOPP 2070

TOPP 2081

TOPP 1684

TOPP 1521